Thelwells Reitlehre
Cartoons

Deutscher
Taschenbuch
Verlag

Von Normann Thelwell
sind im Deutschen Taschenbuch Verlag erschienen:
Thelwells vollständiges Hunde-Kompendium (1046)
Thelwells vollständige Angler(l)ehre (1302)
Die lieben Kleinen (1668)
Thelwells Autohandbuch (10090)
Engel zu Pferd und anderswo (10630)
Thelwells Segelschule (11233)
Für die Katz (11467)

Juni 1976
15. Auflage September 1991
Deutscher Taschenbuch Verlag GmbH & Co. KG,
München
Lizenzausgabe mit freundlicher Genehmigung des
Helmut Buske Verlags, Hamburg
Der vorliegende Band ist eine Auswahl aus
›Aufsitzen ... Thelwell's vollständige Reitlehre‹
Hamburg 1963 · Deutsch von Geseke von Dieckhoff
und ›Thelwell's Reit-Akademie‹
Hamburg 1966 · Deutsch von Bernd Dieter Laser
Die englischen Originalausgaben erschienen unter den
Titeln ›A Leg at Each Corner. Thelwell's Complete
Guide to Equitation‹ und ›Riding Academy‹ 1962 und
1965 bei Methuen & Co. Ltd. in London

Umschlaggestaltung: Celestino Piatti unter
Verwendung einer Zeichnung von Norman Thelwell
Gesamtherstellung: C. H. Beck'sche Buchdruckerei,
Nördlingen
Printed in Germany · ISBN 3-423-01175-0

WIE MAN ZU EINEM PONY KOMMT

Das ist nicht so leicht, wie es scheint.

Es ist gegen das Gesetz, es sich selbst einzufangen ...

... und es kann riskant sein, es auf einer Versteigerung zu erwerben.

Ein verläßliches Pony zu finden ist nicht leicht.

Man sollte einen Fachmann befragen.

Doch auch die Suche nach einem verläßlichen Kenner kann ihre Tücken haben.

Denke dran: Fette Ponys strapazieren die Beine …

… und magere den Hosenboden.

Junge Pferde sind oft unberechenbar …

… alte dagegen gar nicht.

Bei der Wahl ...

... sind gesunde Hufe wichtig ...

... und gute Manieren erwünscht.

Die Augen werden dir alles über sein Temperament sagen ...

... aber ohne Fachmann wirst du verborgene Mängel kaum entdecken.

Dein Instinkt wird dir bald sagen, ob ihr euch mögt.

Aber kaufe auf keinen Fall das erstbeste ...

. . . du könntest es eines Tages wieder lossein wollen.

ERSTE REITSTUNDEN

Worauf es ankommt

Manche Kinder entdecken den Spaß am Reiten schon sehr früh ...

… bei andern dauert es damit etwas länger.

Wer aber einmal im Sattel sitzt, verläßt ihn nur ungern wieder.

Wie man aufsitzt, ist nicht so wichtig . . .

. . . wenn es nur gelingt.

Versuch keine neuen Tricks, um in den Sattel zu gelangen.

Du wirst genug Abwechslung …

… beim Absitzen haben.

Einen korrekten Sitz erreicht man …

... durch gründliches Üben im Sattel.

Zunächst kommt es auf die richtige Haltung …

. . . und Zügelführung an . . .

. . . und der Start sollte kontrolliert erfolgen.

Sattelfestigkeit wächst mit der Erfahrung ...

... und Gleichgewicht durch Übung.

»Sei nicht so gemein, Mathilde – laß Laura doch auch mal!«

Ponys haben ein natürliches Sprungvermögen ...

... aber erwarte am Anfang keine Wunder.

Erwarte nicht, daß es deine Gedanken liest.

Zeig ihm genau, was es tun soll.

Nur zu gern wird es deinem Wunsch folgen.

Schimpfe nie mit deinem Pony.

Rede ihm sanft und freundlich zu.

Das hat dieselbe Wirkung.

Prüfe die Hindernisse stets sorgfältig vor dem Springen …

… damit du für alles …

... gerüstet bist.

Benutze nie die Sporen.

Springe keine Hindernisse, die zu nahe an Bäumen stehen …

. . . und lasse keine Gatter offen, nachdem du sie genommen hast.

Ponys sind bekannt für ihren Mut.

Aber sie können auch ängstlich und empfindsam sein.

Sollte also ein schwieriges Hindernis auftauchen …

... führe das Pony zurück ...

... versammle es ...

... und gib ihm eine zweite Chance.

Absprung zu früh

Nicht so . . . .

Absprung zu spät

... sondern so!

»Tut mir leid, Frau Ladewig! Aber Ihre Tochter brach sich am Doppeloxer ein Bein!«

»Sitz nicht so da – rasch nach Hause, bevor es sich erkältet!«

Es ist lieblos, zu schnell zu reiten.

Mangelnde Übung allerdings führt zu Fettansatz.

Gib ihm also täglich genug Bewegung.

Du wirst über den Erfolg staunen.

Wird es im Sommer von Fliegen geplagt ...

... binde Holunder an sein Stirnband.

Es wird sich gleich viel besser fühlen.

Prüfe die Hufe regelmäßig.

Wenn man dies unterläßt …

gibt es schnell wunde Füße.

Halte es nicht zurück, wenn es nach Hause will.

Und denke immer zuerst daran, daß es versorgt ist.

»Was hast du jetzt schon wieder mit ihr gemacht?«

DAS REITZEUG

»Ich reite gerade meine neuen Stiefel ein!«

Ein gepflegtes Aussehen ist äußerst wichtig.

Gewöhnlich kann man das reiterliche Können ...

… am Äußeren ablesen.

Es ist aber zwecklos, daß du selbst gepflegt aussiehst ...

… wenn du nicht dafür sorgst, daß dein Pony …

… genauso aussieht.

Manche Reiter lieben Bandagen an ihren Pferden.

Dies ist nicht immer so sinnlos ...

… wie es scheinen mag.

Die Reithosen sollten weit genug sein …

… und ein steifer Hut ist unumgänglich.

Kunstvolle Peitschen beeindrucken niemand – doch bedenke:

Das Wichtigste …

… an einer Reiterausrüstung …

... sind gute Stiefel.

BILDER AUS DER REITSCHULE

Versuche nicht zu zeigen, was du kannst.

Reite immer durch das Haupttor in die Reitschule.

Ruf niemals »Hüh!« ...

… wenn der Reitlehrer aufsitzt.

»Wer weiß, was ich absichtlich falsch gemacht habe?«

»Und denkt dran, Mädels: Zeigt ihm nie, daß ihr Angst habt!«

»Also – ich tu' den verdammten Gören noch mal was an!«

»Euch Bande zu behufen ist eine Qual für meine Augen!«

STALLDIENST

Achte darauf, daß dein Pony sicher angebunden ist.

Es ist leicht zu erkennen, wann das Fell der Pflege bedarf …

… aber überlasse dies lieber einem Fachmann.

Beginne mit dem gröbsten Dreck …

... und massiere seine Muskeln mit einem nassen Sack.

Benutze kräftig die Bürste – Ponys legen Wert darauf.

Poliere es auf Hochglanz.

Auch der Schweif soll sorgfältig gesäubert sein …

... aber wasche seine Mähne nicht gerade vor einem Turnier.

Chemische Reinigungsmittel sollte man vermeiden …

... und Schweifhaare nicht mit Gewalt ausreißen.

Schließlich sind die Beine noch zu bandagieren.

»Er kann von Dosen leben – warum du nicht auch?«*

* Siehe ›Thelwells vollständiges Hunde-Kompendium‹

Der Jagdhund

Der Fuchs

Der Fuchs ist meistens unbeliebt ...

... aber auch ein Jagdhund kann es sein.

Ein eleganter Auftritt ist viel wert.

Achte darauf, daß dein Pony frisch zum Treffen kommt.

Bezahle deinen Einsatz, bevor man dich daran erinnert.

Folge immer den Anweisungen des Huntsman …

... und wenn du unterwegs sprechen mußt – dann tue es flüsternd.

»Sie wissen genau, daß sie als Abschiedstrunk nur Limonade trinken dürfen!«

»Ich wünschte, du würdest sie nicht immer in deinem Schlafzimmer verstecken! Die Hunde werden uns das Haus wieder auf den Kopf stellen!«

Teilnehmer müssen aufgesessen den Parcours betreten.

Die Wahl des Sitzes bleibt frei – vorn ...

… oder etwas weiter hinten.

Es darf nicht vor dem Signal gestartet ...

… und nicht vor Beendigung des Parcours angehalten werden.

Scheuklappen sind verpönt ...

... und unerlaubte Hilfen verboten.

Dreimaliges Verweigern führt zum Ausschluß ...

… und kein Huf darf das Wasser berühren.

Aufgrund seiner rauhen Umgebung ist das DARTMOOR PONY hart und ausdauernd.

Das EXMOOR PONY ist etwas vorlaut.

Dem WELSH MOUNTAIN PONY – einem der schönsten – wird ein gewisser Hang zur Fülle nachgesagt.

Das CONNEMARA PONY gab es schon in grauen Vorzeiten.

Mit Leichtigkeit trägt das FELL & DALE PONY erstaunliche Gewichte.

Jäger benutzen das HIGHLAND PONY zum Transport ihrer Beute.

Das SHETLAND, das kleinste aller Ponys ...

... wird von allen Kennern respektiert.

ZUM ABSCHLUSS

Trotz der ständigen Kritik an der heutigen Jugend …

… gibt es keinen Zweifel …

... daß sie wagemutig, entschlossen ...

… und hart im Nehmen ist …

… mehr als ihre Eltern …

. . . es je waren.

Das Buch

Das Glück der Erde – auf dem Rücken Thelwellscher Pferde? Für den Leser dieses Büchleins ganz sicher, doch auch die jugendlichen Dompteure seiner munteren Ponys erwecken trotz aller Mißgeschicke, die sie vom vollendeten Reiterglück etwa noch trennen mögen, nicht den Eindruck, als würden sie ihre Zeit lieber mit etwas anderem zubringen. Diese gezeichnete Reitlehre aus dem klassischen Land der Ponys und Pferde vermittelt umfassende Informationen, die im Umgang mit diesen vierbeinigen Energie- und Willensbündeln tunlichst beachtet werden sollten – mögen sie nun die Anschaffung oder Haltung betreffen, die passende Kleidung des Reiters, das Aufsitzen, das mehr oder weniger freiwillige Absitzen oder die Überwindung kleinerer und größerer Hindernisse jeder Art. Auch ein kenntnisreicher Überblick über die verschiedenen Ponyrassen fehlt selbstverständlich nicht. Die immer neuen Überraschungen, die Pferde, Reiter und Leser erleben, sind mit jener ironischen Diskrepanz zwischen Bild und Text dargestellt, die für Thelwells Cartoons charakteristisch ist – ebenso wie die zeichnerische Präzision, die diese Reitlehre zu einem optischen Vergnügen auch für das hippologisch geschulte Auge macht. Ein Buch, das auf Reiter, Nichtreiter, Pferdefreunde und Nichtpferdefreunde seine Wirkung nicht verfehlen wird.

Der Autor

Norman Thelwell wurde 1923 in Birkenhead geboren. Nach dem Krieg studierte er am College of Art in Liverpool, unterrichtete ab 1950 sieben Jahre lang am Wolverhampton College of Art und machte sich anschließend als Cartoonist selbständig. Er lebt in einem Dorf in Hampshire.